H. J. Schiffer · *Sternreisender*

AF222712

Wir haben das
tatsächliche Leben
in die Welt der
Eventualitäten verschickt
dorthin
wo der Tag
in den Rachen
eines Löwen steigt
und der Autor Mensch
gleich einer Nachtigall
zu singen beginnt.

H. J. SCHIFFER

STERNREISENDER

Aufgewehte Spuren
Wildwuchs der Sinne
Mit der Erde im Gespräch
Am Anfang einer neuen
Wirklichkeit

GEDICHTE

Januar 2008
Erste Auflage 2001
© Annette Schiffer
Lektorat: Annette Schiffer
Satz und Layout: Heinz Schiffer
Umschlaggestaltung: Kay Fretwurst, Spreeau
Herstellung und Verlag: Books on Demand GmbH
Printed in Germany
ISBN 978-3-8334-9455-0

Für Annette

AUFGEWEHTE
SPUREN

GEDANKEN IN DENEN SICH
DIE ZEIT ERNEUERT

Wie anders
dieses Leben
das sich in deinen Texten
zusammenfügt
ein beachtliches Bündel
innerer Unberührbarkeit
du selbst als Traumgast
einer neuen Wirklichkeit

wie anders
wenn ihr Lichtgesang
dich einstimmt
mit der tönenden Saite
des Universums
welche Stimmen nur
die vom Atem eines
Weltrezitativs
erwärmt werden

wie anders
dieses Leben
das im Nichtvorhandensein
dir selbst immer mehr
an Bedeutung gibt.

RAUM OHNE ZEIT

Ein Raum ohne Zeit
zwischen dir und mir
ausgeweitet mit endlosen
Traurigkeiten

wo Vergessliches
Zwiesprache hält
mit den Galaxien unseres
inneren Wortbewusstseins
wenn Verlorenes dahinschwebt
Tage und Stunden zusammenfallen
und das Nichts sichtbar wird

nunmehr sind es Erinnerungen
die dich zum Aderlass führen
und dein Selbst entleeren
gepeitscht
von den Torheiten
deiner unfertigen Entschlüsse

und du stehst
am kreisenden Abgrund
deiner kosmischen Wirklichkeit
verlässt die hohe Festung
deiner gefolterten Stirn
in der die Fackeln
innerer Orientierung
heruntergebrannt sind

du stehst am Anfang
eines neuen Geschehens
in einem Raum
der dich hält und treibt

zwischen dir und mir
voller Entsagung
und ohne Antwort.

GEBERIN DEINES DURSTES

Träume
jenseits von Treibhausdämmern
und Kunstgewachsenem
völlig unbewohnt
und planetenhaft leer
bis ins Wortlose beschnitten

vielleicht auch etwas
von der Geburt
eines neuen Bewusstseins
ein Morsestreifen
ferner Sternstraßen
etwas vom Geschmack
endlos vieler Schriftzeichen

ein geheimnisvolles Keimen
das zur Geberin
deines Durstes wird
das mit unzähligen Mündern
dein Leben bestreitet
dich umformt
und erneuert

an einem Tag
der mit Poesie
geweckt werden will
und in Sehnsucht aufgeht.

AUFGEWEHTE SPUREN

Nachrichten
die sich der Umklammerung
begrenzter Wortmechanismen
widersetzen
aufsteigend aus der kosmischen
Nebelwelt deiner Gedanken

sich erneut
jenem Gestade zuwendend
dem einst die Flut
der Gezeiten mitspielte

Hier
wo die Flucht vor dir selbst
ihren Anfang nahm
wo muschelbestickte Träumereien
sich an dem Lamento
deiner Sprache zerrieben
und dein Herz aufsprengten

Hier nun
als neu gefasste Botschaft
mit der lauffreudigen Präferenz
eigener Fußstapfen.

VERSCHLÜSSELTES

Im Dunstgewölbe
deiner Seele
längst vergessene Texte
vielleicht auch der Bericht
einer körperfernen Umarmung
ein verschollenes Ich
das den Aufstand probt
um sich neu zu definieren

in einem Augenblick
da alle Konturen
zur Flucht werden
und der Wind
die Chiffren einfängt
die der Sand
bisweilen so unbarmherzig
gefangen hält

hier
mit allen Wundertätigkeiten
des Lichts
Schatten für Schatten vertilgend
hier und jetzt
womöglich in Ahnung
dass so manches Rätsel
bereits die Wahrheit ist
verschlüsselt bis in alle Ewigkeit.

SENDBOTEN DEINER ZUKUNFT

Vokabeln
aus Traum und Tag
die wahren Gäste
deiner Lippen
soeben dem Atemmeer
der Gestirne entstiegen

eventuell auch
die Geburt neuer Worte
so ganz erinnerungsträufelnd
bewurzelt mit der frühen Sprache
des Lichts

so ganz dem Alphabet
der Weissagung verpflichtet
vielleicht auch Sendboten
deiner Zukunft.

ZEITREISENDER

Leergebrannte Spiegel
und wachsendes Schweigen
die Erkennbarkeit des Seins
durchwandert
die Tiefe des Alls

du selbst im Widerschein
deiner vertauschten Wirklichkeit
vielleicht über das Geheimnis
des Kreises hinaus

du als Zeitreisender
auf dem Zifferblattrand
nie vollzogener Bestimmung.

UNBEMESSENE RÄUME

Stimmen
die am Kreuzweg
deiner Zukunft
vor dem unsichtbaren Echo
unendlichen Daseins
innehalten

hineintauend
in die unbemessenen
Räume neugefasster Sehnsüchte
nahe den Schattenlinien
deiner Seele

irgendwo dort
wo die Zeit sich staut
und das Alphabet des Alls
deinen Atem beschneidet
nahe den Schattenlinien
deiner Seele
wo sich alle Rätsel treffen
und das Staunen beginnt.

ANONYM

Handschrift
vergessener Zeitläufe
eine unsichtbare Nachrede
auf einem Pergament
aus Haut

ein wortloses Ich
Gedankenperspektiven
einer unerklärlichen Schattenwelt
ein namenloser Körper
gezeichnet
mit einer flüchtigen
Daseinsbedeutung.

PRÜFSTEIN INNERER MARTER

Du selbst
als dein eigener Stirnhöhlengast
deines Schattenbewusstseins
einsamster Wächter

ein Seelenminotaurus
im Labyrinth
deines finsteren Wortkerkers
angekettet
an ein herkunftsbewurzeltes
Weltraum-Ich

die Folterkammern
deiner tausendfach verschlüsselten
Sprache durchwandernd
immer am Prüfstein innerer Marter
gefangen in einer vorbewussten
kosmischen Bestimmung.

AUS ZUKUNFT
UND ERINNERUNG

Weltraumliturgie
eingefangen
im Schweigebrunnen der Nacht
einen Augenblick lang
reicht das Sehnsuchtsseil
bis in die Tiefe der Endzeit
und hinauf bis an
die Sternenhaut des Himmels
Bilder
jenseits der Träume aufgehängt

dieses All hat seine Wirklichkeit
elektromagnetisch aufgeladen
irgendwo
an den pulsierenden
Wänden des Seins
mit dem Gedächtnis der Zeit
und den Fragen voraus
jener wundersamen
Fügung
die den seelenschweren
Mantel der Erde
ins Licht hängt

hier im Schlepptau
deiner Gedanken
jenem Zwiegestirn
aus Zukunft und Erinnerung.

KOMET DEINES ICHS

Tränen die den Blick
des Abschieds tragen
wie zerbrechliche Kristalle
um jeden Wimpernschlag bangend

diese Tränen
enthüllten Schmerzes
mit dem eingefrorenen Atem
kosmischen Feuers
dem wandernden Geheimnis
verzehrender Sehnsucht
sie werden
die Schwellen der Zeit
durchfliegen
und gereinigt
dem Ozean der Finsternis
entsteigen

diese winzigen Kometen
deines Ichs
sie werden zurückfliegen
zu den Dimensionen
entsagter Umarmung
jenem Zwillingsplaneten
deines Herzens.

UNGESTILLTE ÄNGSTE

Hinter wartenden Lippen
Armeen taub gewordener
Rätsel
ertrinkende Sehnsuchtsverse
im Atemrest
deiner Ohnmacht

überall wortwundes Schweigen
und in den Kreuzgängen
deiner inneren Festung
Überreste
einer ausgefolterten Sprache
ein verlassenes Ich
abgewandert
aus der geschundenen Rüstung
deines Selbst
und überall Falltüren
ungestillter Ängste.

EIN NAMENLOSES ICH

Sehnsuchtsbilder
unerreichbar
zwischen Traum und Schatten
nahe dem Wendekreis
des Lichts

und am Horizont Zerrspiegel
in denen sich die Seele verliert
eine Fata Morgana
deines Selbst
umweht mit Überresten
transzendenter Erinnerungen

ein namenloses Ich
im Gravitationsfeld
silbenverzehrender Rätsel

irgendwo zwischen Traum
und Schatten
nahe am Wendekreis
des Lichts.

NEBELNEST DEINER ZUKUNFT

Auf wiegendem Grund
schaudernden Ahnens
des Nichtwissens Brutlust
jene ungestillte Traumgeburt
im schwankenden Moor
versagenden Herzens

Wie unsicher nur
ihre Flügelschläge
über dem Nebelnest
deiner Zukunft

sie werden dich noch
von den Polen
deiner Erdgeborgenheit lösen
ehe du die Nabelschnur
zum irdischen Sein
durchtrennt hast.

GEBURT DES UNSICHTBAREN

Wie verwundbar
die Kanzone der Dämmerung

Im trauernden Gras
zittert ein Sonnenatom
vor der Geburt des Unsichtbaren
nichts
was noch der Gewogenheit
standhält
sich zu erinnern

Dieser Tag
hat seinen Pulsschlag ausgelagert
verfrachtet in eine Welt
ohne Eigenschaften
und von irgendwoher
Jenseitsgemurmel
die Begegnung
ausgesperrter Seelen

So manch vergessenes Ich
scheint fahnenflüchtig geworden
nunmehr fröstelnd klammernd
an die dünne Wirklichkeit
von Schatten
einem Herzen folgend
das seiner Identität misstraut
dem alles widerfährt
aber nichts gewährt wird.

IHRE STUMME
ANWESENHEIT

Es ist die Zeit
die du überschreitest
und allmählich
verloren gehst
an deren fiebrigen Ufern
sich dein Versprechen zerstäubt
und zu geheimnisvollen Dünen
aufweht

Dort am Ende aller Wege
jenseits schützender Ufermauern
hinter denen sich Gedankenfluten stauen
und Lebensströme ausweiten

Immer ist es die Zeit
ihre stumme Anwesenheit
zwischen Kommen
und Gehen
mal im Murmeln
eines Meerbettes
bald im Treibgut
deiner Sprache

Immer
und überall
schweigenversteinertes Dasein.

SELTSAM BERÜHRT

Es ist dein Spiegelbild
das im flüchtigen Widerschein
abendlicher Strömung dahintreibt
das sich fröstelnd anklammert
an die kargen Formen
deines ausgeweideten Daseins
sich verliert im Labyrinth
tausendfacher Ähnlichkeiten

ein Irrgarten
wachsbleicher Selbstdarstellungen
gespeist von den trägen Fluten
der Dämmerung
den bis zur Unsichtbarkeit
gefolterten Konturen des Alls
mit Stimmen
die sich ins Endlose hin
entkleiden und
seltsam berührt
ins Leere greifen.

VOR FREMDEN SCHRITTEN

Zwischen den Zeiten
kriechende Dämmerung
Schatten ertrinken
im tränenschweren Gras
und der Wind streichelt
hautloses Dasein.

Im blauen blattlosen Himmel
wiegt sich ein Myriadenchor
ausgedörrter Sonnenatome
und kahle dirigierende Äste
deuten zitternd
auf ihre mahnenden Töne

Jemand
der jetzt noch seines
Weges geht
erschreckt vor den fremden
Schritten seines Herzens
er eilt ihnen voraus
bis sich die verzehrenden Umrisse
der Nacht im Naturgesetz
des Tages verlieren.

WILDWUCHS
DER
SINNE

MIT UNSEREN LIPPEN

Ein Lichtstrahl
irgendwo im Dunkeln
wie eine Brücke
aus dem Nichts

für einen Augenblick
zeichnet er
unsere Schatten
und wir sind nicht mehr allein

sternhafte Linien
durchfließen unseren Körper
in den Adern spielt die Sehnsucht
heiße Geometrie

diese Nacht liegt tief
über der Erde
mit unseren Lippen
halten wir still die Gesetze
der Unendlichkeit.

ABENDLUFT

Die Abendluft
eine sich schließende Blüte
erfüllt von endlosen Küssen
und wippenden
Schmetterlingsflügeln
von hellblauen Augentränen
die alles Licht trinken
und Blicke
sehend machen

Von Sehnsuchtstropfen
die summend sich färben
und süßlich ins Reifen geraten
von einem sanften Wind
der die Stimmen einsammelt
die du mit deinem Atem pflücktest

von zärtlich flüsternden Dünen
in denen der Tag
allmählich zu rieseln beginnt
der heimkehrt
mit dem goldbeladenen Duft
des Ernteschnittes
und neues Leben austeilt.

IM AUGENBLICK DER
FLUT

Bis nahe der Küste
schiffbrüchiger Leidenschaften
treibt die Flut
der Gestirne Blütenteppich
versprüht zwischen dir und mir
endlose Glut
ungestillter Erwartungen

Du der heimlich
und über Nacht
in mir vor Anker gingst
kamst mit eiligen
lautlosen Sternenfüßen

klammertest und wandest dich
um meinen Körper
mit dem glitzernden Netz
deiner Sinne

du durchdrangst
die salzige Gewandung
meiner Haut
erfülltest sie mit
seidigem Perlmuttschimmer
und zärtlichen Küssen

Du
der mit dem singenden
Duft des Meeres meine
Seele aufleuchten ließest
stößt mit jeder Woge tiefer

und fester in den schwankenden
Boden meiner Liebe
bisweilen mit der
unerschrockenen Kraft
ozeanischen Ewigkeitsfeuers.

ALLE TÜREN DER ERWARTUNG

Emporgehoben
von einer launischen Woge
des Weltalls
überwandest du
die Grenzen der Zeit
kamst zu mir
mit sanfter Sternenflut

bedrängtest die Ufer meines
körperfernen Daseins
kamst mit jeder Welle
tiefer in das Labyrinth
meiner einsamsten Stunden
webtest dich ein
mit seidenen Fäden
mit tausend Blütentränen
duftenden Lichts

du hast mit einem Ruck
alle Türen der Erwartung
in mir aufgestoßen
und mit zärtlichem
Perlmuttschimmer
die endlosen Räume meiner
ungestillten Sehnsucht
sichtbar werden lassen.

WENN DER WIND DEN
TAG EINHOLT

Flammend
und mit wirrem Schattennetz
zieht die Dämmerung
ihre zappelnde
Sehnsuchtsbeute
aus der einsamen Bucht
deines Herzens
löst sich aus der Verankerung
zärtlicher Worte
und treibt zurück ins offene Meer
eines ungewissen Alphabets

Gleich ist es wieder still
in der aufgewühlten Dünung
unserer Liebe
der Wind verwischt
die hinterlassenen Spuren
mit sanftem singendem
Rieseln
er setzt in der verlassenen
Mole deiner Träume
erneut Segel
streift durch die
geöffnete Kleidung
zuweilen
mit der frischen Kühle
eines sich nahenden Weltalls.

AUF ALLEN WEGEN
ZU DIR

Abendsegel
in denen das Raunen
des Meeres
sich fängt
und sanft
an der Verankerung
zweier Herzen rüttelt

Wie nur
konnte sie mich halten
mit den zerbrechlichen Flügeln
zärtlicher Hingabe
mein aufgewühltes Ringen in ihr
der orgiastische Wille
mich tausendfach
zu zerstäuben

wie nur konnte sie dem
heißen Strom
meiner Wollust standhalten
jenem Irrsinnslodern
das in mir das Bedürfnis weckte
sie bis auf die nackte Haut hin
zu entmachten

Immer war sie auf allen
Wegen zu mir
in der Verwandlung
zwischen
Kommen und Gehen
jene heimliche Brandung

mit den Gezeiten des Alls
in denen das Schweigen der
Gestirne sich entkleidete
und sich im Netz
meiner Sinne verfing.

UM DER DÜRSTENDEN HAUT
FEUER ZU REICHEN

Schweigsam und zärtlich
gingst du aus dem brennenden
Atem meiner Worte hervor
ebnetest mit sanften Küssen
die hastenden Wogen
meiner aufgebrachten Sinne

kamst mit dem seidigen Duft
von Schmetterlingsflügeln
und bedecktest die verwaisten Ufer
meines Inseldaseins
mit der glitzernden Flut
mondtrunkener Blüten

warst du es doch
der jeden Millimeter
Bereitwilligkeit nutzte
um mich darin
an Land zu ziehen
der sich über mich beugte
um der dürstenden Haut
Feuer zu reichen

mit unzähligen Fasern deiner Liebe
sich fest an meinem
Körper vertäuend
gleich der Spinne
im Netz puren Geschehens

an einem Tag
der dein Selbst verdoppeln sollte

und deine Seele
heller und höher aufleuchten ließ
als die Gestirne
die darüber Wache hielten.

VERWUNDBARE GÖTTIN

Augenblicke
in denen sich die Zeit verzehrt
sich weithin ausbreitet
wie eine verwundbare Göttin

wenn die Dämmerung
sich in den Segeln
fernweltlicher Träume
steif macht
und Gedanken sich einkrallen
an einen Hautstreifen Licht

wenn pfeilschnelle Kometen
die prallen Adern
deiner Sehnsüchte durchblitzen
und neue Pulse zeichnen

dann nimmst du Maß
an der Schleuse
kosmischer Offenbarung
jenem Schoße
deiner verwundbaren Göttin

dann um sich tief
in deiner Seele zu entfärben.

NEUE RÄTSEL

Den Wahrsagelinien
der Haut nachtastend
jenen mit salzigen Lauten
des Meeres eingerätselten
Sehnsuchtsschriften

zärtlich
deiner Bestimmung folgend
mit rot glühenden Lippen
Worte saugend

und im geschlossenen
Atem des Kusses
wandernde Liebe
jenes flüsternde
Muschelgeheimnis.

ALS DAS UNIVERSUM
SICH NEIGTE

Allein war sie
und völlig nackt
als die Sonne
ihre Karten mischte
und geheimnisvolle Schwärze
aufspielte
als der Wind
an ihrem zarten Körper
Feuer fing
und mit reißender Glut
verzehrte

allein
und ohne Gegenwehr
allen Regungen des Lichts
sich öffnend
aufgesogen vom Brennglas
der Leidenschaften
jeden Wunsch erfüllend

damals
mit dem flammenden Kometen
in unseren Adern
als das Universum sich neigte
und im endlosen Zeitmaß
gemeinsamer Sinne dahinsank.

WILDWUCHS DER SINNE

In der zerrissenen Takelage
deiner Erinnerung
ausgewanderte Träume
gescheiterte Sehnsüchte
die den Kahlschlag
der Seele vorantreiben
mit den Schnittstellen
der Liebe nahe am Saum
der Zeit
und einem Herzen
das den Ewigkeitsschwur
unter die Fasern der Haut brachte

Hier nun gilt es
die Triebe zu beschneiden
sich von sich selbst zu trennen
jenem Adernetz zu entkommen
das den Wildwuchs der Sinne
beschleunigt und zum Dickicht
innerer Ausweglosigkeiten wird

Hier mit der Umklammerung
vergessener Möglichkeiten
jenem Pulsschlag
nahe am Saum der Zeit.

MIT DER ERDE
IM GESPRÄCH

STROHPUPPE

Eine Strohpuppe
deine heimliche Traurigkeit
mit ausgeglühten Augen
und verstreutem Innern

kaum etwas
das noch deine Träume nährt
allmähliches Verlorengehen
im Windschatten
eitler Sehnsüchte

Es ist dein Leben in ihr
das sich hineinwirft
in den Scheiterhaufen
abgelegter Erinnerungen

ihr brennender Tod
der deinen
Pulsschlag regiert
jenes abgelegte Selbst
in dem sich deine Seele
verliert
und allmählich
ins Unsichtbare
greift.

ALS DIE ERDE KOCHTE

Nie sah man ernsthaftere Kinder
sie spielten das Spiel ihres Lebens
und das Leben spielte mit ihnen

in der einen Hand
der Feuerball
und in der anderen
ein Blechnapf roter Grütze

damals
als die Erde kochte
und der Tag
im Magen klumpte

da man Christbäume
in den Himmel schoss
und Körper den Duft
des Pulvers
in die Wohnzimmer trugen

als Kinder Todstellen spielten
und im Ruß der Trümmer
ihr Lächeln verloren

In einer Zeit
da man sich die Mundfäule
aus dem Halse schrie

als nichts funktionierte
aber alles geschah
als die Erde
zu einem Blechnapf

roter Grütze aufkochte
irgendwann damals
wer will sich noch erinnern
sie spielten dieses Leben
und das Leben spielte
mit ihnen.

VOR JEDER WELLE IN ANGST

Da war der Augenblick
der mich geneigt machte
mein Wesen zu beziehen
Die See spülte den Tag an Land
und mit ihm
unzählige Menschenleiber
mich selbst als
sandiges Meergebäck
vor jeder Welle in Angst
Irgendwer rief meinen Namen
vielleicht das eigene Bewusstsein
mit dem heiligen Anrecht
vor mir da gewesen zu sein
Vielleicht war es aber auch jemand
der die Langeweile beschrieb
als er in der Sonne
vor sich hin reifte
genau werde ich das
wohl nie erfahren

Hat man erst einmal
seine Ankunft verpasst
kommt man allerorts zu spät
Dieses Leben erfüllt sich
zwischen den Zeiten
zwischen Ebbe und Flut
dem schmalen Pfad
jener Stimmen
die zwar unsere Sprache
voraus haben
nicht aber die Worte
aus denen sie gemacht sind.

OFFENE SCHWINGEN

Worte
flugreif gemacht
wenn auch ein wenig
fröstelnd noch
und unsicher

schon aber
mit sehnsuchtstiefen
Atemzügen
und offenen Schwingen

zaghaft fragend
stellen sie ihre Silbenfüße
auf die zitternde Saite
des Windes.

ZWISCHEN ANKUNFT
UND ABSCHIED

Endlose Flächen
in denen sich
die Seele kräuselt
berührt von den Windrädern
einsamer Meeressäume

wo verwaiste Zärtlichkeiten
noch einmal Segel setzen
sich abwenden
von den gekenterten
Leidenschaften
einer früheren Begegnung

Dort am Äquator
deines inneren
Galeerendaseins
den blutig gefärbten
Korallenbänken
versteinerter
Zungenbekenntnisse

wo die Wirklichkeit
sich in Träumen verzehrt
und die ausgebeuteten Räume
deines wartenden Herzens
in endloses Flüstern greifen

irgendwo dort
verweilt dein Vorhandensein
in beständiger Distanz
zu dir selbst

ohne eigentliche
Berührungspunkte
zwischen Ankunft und
Abschied.

VERSPIELTE FRAGEN

Geheime Worte
geknüpft an Sehnsuchtsfäden
immer über der Erde schwebend
wie Kindheitsdrachen

Dann aber wird es dunkel
wir ziehen sie wieder ein
unsere Gedanken
und mit ihnen
ungeschriebene Texte.

GLEICH IST ALLES
WIEDER STIMME

Die Sonne hebt sich über die Erde
für einen Augenblick
fliehen nun alle Schatten

schon die Luft trägt eine Welle
von Lauten und Liebe
in unsere Herzen
nichts ist mehr so ganz
ohne Gestalt

hierselbst sind es
die streichelnden Hände
des Windes
die dich von der Last der Leere
befreien
dich von deiner Erdgebundenheit lösen
und mit Gedanken reinigen
die du erneut an die Zeit
verschenken wirst
dann um dich
für den Tag zu kleiden

gleich ist alles wieder Stimme
ist Flügelschlag
ist neues Licht.

IM SCHWEIGEWORT NICHTS

Und spürbar
auf unseren Lippen
das Geheimnis
des Alls
verschlüsselt in der frühen
Sprache des Lichts
hier
im Schweigewort Nichts
vielleicht sogar
vor der Geburt
des ersten Atemzuges.

DIE SONNE
WILL DEN TAG

Hinter weißen
durchsichtigen Wänden
des aufsteigenden Tages
marionettenhafte Regungen

ein Erwachen
unsicher hängend
an den Strahlenfäden
der Sonne

und in den aufbäumenden
Bewegungen
des Augenlichts
tränenentzündete Weltscham

hier ist kein Vorhang
vergessen wir die Nacht.

AM RANDE

In der ersten Stunde
der Dämmerung
wenn die Stille lichtentwurzelt
aus der Erde greift
scheinen alle Träume zu verwelken

nur dann und wann noch
durcheilt ein Gedankenbild
jene wundersamen Räume
aus Augenblick und Ewigkeit

dann wie ein verlorener
weltschneller Meteor
irgendwo am Rande der Zeit.

MIT DER ERDE IM GESPRÄCH

Über den Farbtiegeln
des Frühlichts
sphärenhaftes Vibrieren

Das Universum
webt sich ein
unter den sanften Rotoren
einer Sonnenlibelle
nahe den Wassern des
Schlangenflusses

nur einen Steinwurf weit
von deiner Kindheit entfernt
hier wo fingerdürre Äste
zärtlich über das All
des Wassers gleiten
und sehnige Stricke dem flüchtigen Ufer
Einhalt gebieten

Nur einen Steinwurf weit
von deiner Kindheit entfernt
nahe den Wassern des
Schlangenflusses
in denen sich die Himmel kräuseln
und die Zeit
einen Augenblick Rast macht.

DISTANZIERTE NÄHE

Hineingetragen
in den Dialog
von Schattentränen
den winzigen Planeten
eigener distanzierter Nähe

tastend nach Grenzen
eines traumverirrten Ichs
nach einem Lichtstreifen
inneren kosmischen Seins.

ASYL DEINES
HERZENS

Wurzelschlagender Kosmos
im aufgebrochenen Zeitgeäder
deines Hirnpalastes

Irgendwo dort
ein aufgeschrecktes Ich
entlang tastend
an der Stirnwand
des Seins

Du atmest
die rauchende Asche
deiner Träume
spürst die Ohnmacht
deiner wortwunden Hörmuschel
und hüllst dich ein
in den Ätherstaub
deiner Vorgeschichte

Und im Asyl
deines Herzens
die Begegnung
aus Trennung
und Wiederkehr
jene einsamen Wanderwege
früherer Erinnerungen.

ATEMNETZ DER SINNE

Eigentlich
sollte da mehr sein
doch die Zeit ist flüchtig
wie Flugsand
Ein Windgesicht
beschrieben
mit der eiligen Auflösung
launischer Silben

Halten wir also
den Käscher
unserer Seele
für die ausgewanderten
Sekunden bereit
das Licht über der Dünung
ist schwarz davon.

UNSICHTBARE WANDERSCHAFT

Irgendwo die Körperlosen
mit dem Buchstabenrest
einer früheren Begegnung
suchen sie ihr Gespräch

Und in den ausgeweideten
Landschaften ihrer Seelen
totgeglaubte Texte

hier wo ihre unsichtbare
Wanderschaft beginnt
ist jede Silbe ein Geschenk
jeder noch so vage Gedanke
mehr als ein flüchtiges Omen
zuweilen sogar
der maßgebliche Beweis
ihres versäumten Lebens.

ÜBER DIE ENDZEIT
HINAUS

Jemand
der barfuß
die Durststrecke
seiner Herkunft durchmisst

Vorsichtig tastend
richten sich seine Hände
gegen die helle
brennende Wirklichkeit
tragen ihn hinaus
aus der Welt
des Augenblicks

Dann überschreitet er
Traumgrenzen
und ewiges Nachtdunkel
schweigend
und tränenbekränzt
mit ausgewandertem Herzschlag

nur ein winziger Atemrest
begleitet ihn
über die Endzeit hinaus.

ETWAS NOCH

Etwas
das Schweigen ist
unser Ohr hält es
mit zitterndem Atem

vielleicht nur die Frage
einer Frage
vielleicht aber auch etwas
dass Erkenntnis übt
über Dinge
deren eigentliches Rätsel
allein wir selbst sind.

ANFLIEGENDER GAST

Am Rande der Zeit
die Silhouette des Schlafes
eingetaucht
in kreisende Ohnmachtzirkel

Dort
mit dem namenlosen Schild
deiner kärglich umrissenen
Provenienz
kaum mehr als der Schatten
eines Schattens

Vielleicht auch
der Gedanke
eines Gedankens
die nichtvorhandene Geometrie
eines verloren geglaubten Lebens

Irgendwo am Blutpunkt
der Auferstehung
zwischen Traum und Tag
nahe am Rande der Zeit.
.

ANGESICHTS
DER OFFENBARUNG

Am Ende aller Fragen
prophetisches Schweigen
vermutlich
die Endgültigkeit des Seins

Etwas
das deine Anwesenheit vertilgt
dich aus dem eingebrannten
Alphabet deiner Sinne erlöst

Ein geheimnisvolles Keimen
das sich deiner Stirn annimmt
und von den Runzeln
der Schöpfungsgeschichte befreit.

GEFANGENER DES
NICHTS

Aber was fürchtest du
die Schatten kleiden dich
für den Abend
es ist nichts
gleich ist es dunkel
sieh nur
es ist nichts
es ist nichts.

JENE URSPRUNGSFARBE

Dem Lichte abgekehrt
lautlos
die malende Hand
der Auflösung
rätselhafte Schwärze
ein Gemisch aus Asche
und Dämmerung
immer Schatten
an Schatten malend.

IN TRÄUMEN GEBOREN

Über der Erde schwebend
und in Träumen geboren
entdeckst du dich
nahe der Quelle des Seins
gleich jemandem
der die Welt
in seine Hände gelegt hat

Ein Sternreisender
der jenseits von Raum
und Zeit geboren scheint
der vor dem Lichte sieht
was sich dahinter spiegelt
der überall und nirgends
zu Hause ist
der die Zeit
im Morgen des Gestern lebt
vielleicht sogar
ein bisschen Ewigkeit.

INMITTEN EINER SALZWÜSTE

Und immer dieser Abschied
gefangen im Atemnetz
der Sehnsucht
barfuß
inmitten einer Salzwüste

Hier weint der Himmel
keine Tränen
lautlos entfliehen Worte
unseren Lippen
nur der Wind
trägt noch an ihnen

und über uns
entlädt die Sonne
tiefste Schwärze der Einsamkeit.

MAGIE DES
UNSICHTBAREN

Irgendwo
im Blutkreis der Gestirne
das verzehrende Geheimnis
des Feuers

die eingewanderte
Auflösungssucht
alphabetischen Seins

eventuell auch
die Magie
des Unsichtbaren
die abgebrannte Silhouette
der Nacht

mit den wiedererstehenden
Rauchbildern der Vorzeit
dem aufglimmenden Silbenrest

einer ausgedienten Sprache
Worte saugend
lauter atemleere Rätsel
hoffnungslos zappelnd
im Fangnetz
Flammen vertilgender Münder.

VOR DER SCHWELLE
DES SEHENS

Zwischen den Zeilen
gestrandete Texte
stumme Zeugen eines
meerhaft gewordenen Herzens

und am blutwunden Horizont
deiner Sprache
die Magie eines
fernweltlichen Maskentanzes
ein körperloses Ballett
gewebt aus Licht
und Schatten

vielleicht auch
ein zeitloses Leck
mit Stimmen
die dein Selbst voraushaben
die Erinnerungen sind
und die Zukunft anmahnen
unmittelbar vor der Schwelle
des Sehens.

AM ANFANG
EINER
NEUEN WIRKLICHKEIT

GEBURT DES WISSENS

Es ist die Sonne
die aus den Grannen
der Zeit fällt
die Reife des Augenblicks
bemessen
mit der unendlichen Süße
des Ernteschnittes

Im Wissen
dass die Saat dem Wind
vorauseilt
sich erneut einschreibt
in das Alphabet der Wiedergeburt
jener verheißungsvollen Sprache
die sich nicht erst erklären muss
um zu existieren

An einem Tag
da ich den Anker
meines Herzens einzog
und mit den Silben des Staunens
Segel setzte
bisweilen mit der Frage
träumen wir das Leben
oder träumt das
Leben uns.

SCHATTENWÄRTS

Hinter gläsernen Wänden
die Last der Leere
bemänteltes Schweigen
das die Sprache
an den Ursprung
der Worte zurückweist

Ein Herz das aufgeregt
in seinem Puls baumelt
und den Vorsprung
der Zeit
schattenwärts wachsen lässt

das den Anfang des Denkens
neu zu bestimmen trachtet
mit Lippen
die Zangen sind
und Gedanken
die ihre Texte
nicht halten können.

NEU GEFASSTE
SEHNSUCHT

Ein Raumzeitgeflecht
inmitten schillernder Tonkristalle
Traumsequenzen im Zwielicht
unerwarteter Ahnungen
mit Zeichen
die sich unter der Haut
golden färben
versengt von der Morgenröte
neu gefasster Sehnsucht

An jenem Tag
als die Wirklichkeit
zu einem wundersamen
Stück Papier avancierte
sich in die Lichtung
deiner Sinne begab
und mit den Ansprüchen
deiner Seele
zu schreiben begann.

VOR DER REALITÄT GEBOREN

Jenseitsleere
als Zeitenrest unserer
Schöpfungsgeschichte
bekleidet mit dem fernen
Licht der Auferstehung
du selbst als Traumgestalt
deiner eigenen Wirklichkeit

ein Wesen
vor der Realität geboren
das sich krümmt
wenn es aufrecht stehen will
gleich dem Fragezeichen
zwischen Sein und Schein.

NAHE DER QUELLE DER
WIEDERKEHR

Im Echobild deiner Phantasie
wandernde Zeitkristalle
ausgeleuchtet mit dem Licht

der Wiederkehr
Ein Röntgenfossil
das geduldig den Atem
der Vorzeit hütet
den Kontrapunkt
des Nichts durchwandert
und mit der Stimme
des Schweigens
zu singen beginnt

das Jenseitssprache übt
mit Tönen der Weissagung
jenem ungewöhnlichen Alphabet
das sich in den Klang der Leere
einschreibt
und mit der Fülle des Daseins
ins Plaudern gerät.

AM RANDE DER ZEIT

Du
mit dem Kometen
der Verlassenheit
in deinen Adern
den verwundbaren Sphären
kosmischer Erinnerung
du trägst das Geheimnis
ferner Sternstraßen
dicht unter deiner Haut
und Gedanken
mit eingewobenem Lichtschmerz
umkreisen dich
wie stumme Planeten

Dieses All
mit den tausend Abenteuern
deines Ichs
es wird zum Asyl
innerer Verschwörung
mit Stimmen
eines sich leugnenden Selbst
einem Bewusstsein
das deine Träume nährt
und deinen Blutkreis verzehrt

Du atmest die Angstträume
unendlichen Daseins
den ungesättigten Staub
körperfernen Abschieds
mit dem Pulsschlag
am Rande der Zeit.

AN DEN UFERN
DES SEHENS

Du selbst als Gast
deiner inneren Vorsehung
soeben noch der Realität
verpflichtet
gleich dem Wissenden
der den Verstand
an seine Träume
weitergibt
dem alles geschieht
und nichts widerfährt

Ein Weltraum-Ich
das sich im Lichte wähnt
und mit der Morgenröte
der Auferstehung
zu denken beginnt
das mit tausend Tätowierungen
seine Sinne reinigt
den Schmerz des Sehens
durchwandert
mit unzähligen Nadelstichen
und einem Bewusstsein
das sich erinnert
um sich neu darin einzukleiden.

EIN MORGEN
DAS GESTERN WAR

Geflüchtet
bis an die Zeitgrenze
und völlig nackt
nur mit dem schmalen
Gepäck der Sehnsucht
und mit Sekundenstaub behaftet

Du selbst
als dein ureigenstes Rätsel
zwischen Frage und Antwort

Ein Sternreisender
der sein Leben im Fluge bemisst
der aus der Asche des Lichts steigt
und ein Morgen das gestern war
zur Tür des Augenblicks
werden lässt.

VON MENSCHEN UND MARIONETTEN

Seltsam schwebende Figuren
aufgehängt zwischen Licht
und Schatten
gleich der hölzernen Tragödie
von Marionetten

Und irgendwo aus der Ferne
das gespenstische Lachen
spröder Zustimmung
Erinnerungen
die dem lähmenden Zeitmaß
des Gestern auf der Spur sind

Hier mit dem entflohenen
Pulsschlag
eines irritierten Herzens
vielleicht auch
um den Vorhang
für den Applaus
vergangener Eitelkeiten
noch einmal beiseite zu schieben.

FLÜCHTIGE EINTRAGUNG

Ausgeblendete Texte
angekettet am morschen Gewölbe
deines Knochengefängnisses
die Grenzräume
deiner inneren Sprache
durchlaufend
du mit dem Wissen
um die Vergänglichkeit
deiner hohlbeatmeten Worte

Im Augenblick
als flüchtige Chiffren
ausgebeutet und verlassen
soeben noch anwesend
eine Begegnung ohne Lebensraum
nur noch bestimmbar
mit den Meridianen deiner
Sehnsüchte.

GESTRANDETE VERSE

Am Horizont
entzündeten Schweigens
verlassene Skelette
deiner ausgefolterten Sprache
skurrile Fragezeichen
einer geheimnisvollen
Wanderschaft
wie verlorene Findlinge
ausgeblutet und schmerzzerfurcht
abgewandert
in eine verwaiste Landschaft
aus Trennung und Wiederkehr.

ARENA TÖDLICHER
SEHNSÜCHTE

Fragen
die sich als tödliche
Wunden auftun
sich ängstlich anklammern
am windigen Leib
kaum erkennbaren Gestaltseins
mit unerklärbaren Ritualen
innerer Ausweglosigkeit
gepeitscht
von blitzenden Fanfarenstößen
ungesättigter Erinnerungen

hier
mit der Sprache
deines aufgebrachten Herzens
eine mörderische Corrida reitend
Eingang suchend in den Bannkreis
deines ungestillten
gehörnten Wahns
vielleicht auch die Ahnung
deines Blutes
mit Stimmen
die erst noch Sprache
werden wollen.

HAUTLOSES SCHWEIGEN

Schatten und Schicksale
meine ungebetenen Gäste

nun kehren sie ein
in die leer geplünderten
Räume
hoch aufgespielter
Traurigkeit

halten Zwiesprache
mit den kahlen Wänden
eingeschlossener Sehnsüchte
ziehen wirre Fäden
und Muster
entlang meines spärlich
ausgeleuchteten Daseins

inzwischen konvergieren sie
jenseits denkbarer Wirklichkeiten
reden nacktes hautloses Dasein

bisweilen mit der höllischen
Maßgabe im Besitz meiner
Gedanken
zu sein.

STIMMEN INNERER DEMASKIERUNG

Nunmehr
ist es die Angst
die mit unsichtbarem
Zeichenstift
die Konturen
deines bisschen Lebens
schärft
die aufsteigt
aus den gestauten Fluten
einer vergessenen Zeit
bedrängt
von den trägen Nebeln
einsamster Ufersäume

eine Traumgestalt
die im Torbogen
deiner verzierten Traurigkeit
innehält
vielleicht auch ein Gespenst
das der eigenen Sprache misstraut
und den Bezug zu sich selbst
auf seinen Schatten reduziert

jemand
der Einkehr hält
im Château
seines verzweigten Herzens

der zurückkehrt
um sich der Ahnengalerie
seines tausendfachen Seins

zu vergewissern
mit den Formeln der
Unsichtbarkeit
als Geschenk
vielleicht sogar
um sich neu zu definieren.

GESANG DER NACHTIGAL

Wir haben das
tatsächliche Leben
in die Welt der
Eventualitäten verschickt
dorthin
wo der Tag
in den Rachen
eines Löwen steigt
und der Autor Mensch
gleich einer Nachtigall
zu singen beginnt.

VOM WIND GETRAGEN

In der Arena wetteifernder
Hirnzellen
aufspielende Siegesfanfaren
und klirrende Lanzen

du spürst deinen Schatten
im dumpfen Licht des Staubes
und den Tanz ungestillten Blutes

erahnst den todbringenden Dialog
deiner gefolterten Sprache
mit dem Kelch des Schweigens
an den Lippen

jene vom Wind getragene
Offenbarung
die sich deiner Seele erinnert
und dich emporsteigen lässt
zum Altar körperfernen Abschieds.

KOSMISCHES DIAGRAMM

Es war dein Leben
das durch mein Martyrium
strömte
das mich bis auf die Kerkermauern
inneren Schattendaseins
entkleidete

Als in den Doldenspitzen
des Sehens
unserer Liebe Frühgeburt
sich wehrte
mit Tränen
in denen die Flut
sich neigte

mit verwaschenen
Augenwünschen
jenseitsverklebt
und blickleer

Immer war es dein Leben
das sich in meiner Seele
nach unsterblichen
Verstecken sehnte
das mich auslotete
bis auf den letzten Tropfen
meines Selbst

Es waren deine Sinne
die sich in mir zusammenfügten
die jenen Punkt umkreisten
von dem alles ausging

Irgendwo im Gravitationsfeld
kosmischen Vorbewusstseins
verborgen
hinter gläsernen Schläfen
mit haarfeinen Rinnsalen
aus Staub und Ewigkeit.

AUGEN

Verwaiste Zisternen
flüchtiger Traumoasen
und ringsum
gespenstische Schattenwildnis
überall Augen
dorthin entflohene Nacktheit
Verstecke aus Tränen und Salz
und überall
wandernde Sehnsucht.

AM ANFANG
EINER NEUEN WIRKLICHKEIT

Angekommen
an der Lichtwende
wo Zeitenspiegel einmünden
in das geistige Universum
deiner inneren Doppelsichtigkeit

hier
in der Vorhalle des Seins
mit der abgelegten
Sternenhaut zu Füßen
jenem unerklärbaren
Heimwehgeflüster

wo der Schatten
deinem Körper misstraut
und du dir selbst
den Rücken zukehrst.

GEWEBT AUS LICHT
UND ZEIT

Im Fortsinken
der Nacht
eine Hand voll
Dämmerung
skurrile Arabesken
tanzender Glieder
und Ahnungen
hoch aufgezogen

darunter
seltsam zwitschernde
Zukunftsmusik
jene landflüchtigen Traumgeburten
mit sternenfernem Pulsschlag
und himmelwärts geöffneten
Mündern

und dann
allmähliches Sichtbarwerden
blind atmender Schatten
noch einmal
sich dem Lichte zuwendend
aufsteigend hinter dem Augenlid
deines spärlich gesäten
Bewusstseins

einmal noch
um sich dem Leben zu öffnen
mit Flügeln gewebt aus
Augenblick und Ewigkeit.

vielleicht auch
ein Schmetterlingsdasein
und mit einem ganzen
Leben voraus.

INHALTSANGABE

MIT DER ERDE IM GESPRÄCH

AM ANFANG EINER NEUEN WIRKLICHKEIT

TRILOGIE

EIN MORGEN DAS GESTERN WAR

Die genetische Arche

Amnesie – für die meisten nur ein ängstlicher
Gedanke – ist für Dr. Stern Realität geworden.
Nach seiner plötzlichen Entlassung aus einer
Nervenklinik spinnt sich um ihn ein Netz obsku-
rer Ereignisse und Intrigen. Es ist der Anfang
eines Höllentrips, bei dem Wahn und Wirklich-
keit einander die Hände reichen. Überdies lastet
auf dem verwirrten Patienten die traumatische
Vorstellung, möglicherweise einen Sexualmord
begangen zu haben. Im wilden Strudel dieser Ge-
schehnisse stößt er auf das Computerprojekt »Ge-
netische Arche«, dem die Bausteine des Lebens
zu Grunde liegen, ihre unermessliche Vielfalt und
alles Wissen der Menschheit. Sehr bald jedoch
muss Dr. Stern erkennen, dass deren Erbauer,
ohne es zu ahnen, das Gespenst Xetex schufen,
jene virtuelle Intelligenzbestie, die mehr als nur
Bits und Bytes zu verspeisen trachtet.

2002 ISBN 3-8311-3916-4

Geniale Debütanten

»Geist ist überall Geist, wie Licht, das überall
Licht ist«, verkündet Astronaut David Fisher.
»Dieses Universum hat unsere Sprache voraus,
die goldenen Partituren der Künste, allen Wissens
und jeglicher Phantasie, aber auch die Stimmen

der Finsternis, die Mächte des Profits und Verderbens.«
Und da die Gefahr dort beginnt, wo das Verständnis anderer aufhört, wird für Fisher mit einem Male alles Geschehen zur Flucht, spürt er den tödlichen Windhauch, der ihn jeden Moment in die dünne Wirklichkeit seines Schattens blasen könnte.

2001 ISBN 3-8311-1813-2

Syndikat der Engel

Im dritten Roman der Trilogie *Ein Morgen, das gestern war* vertieft Heinz J. Schiffer die Idee eines suggestiv inspirierten Weltganzen.
Ein Phänomen, das in *Syndikat der Engel* Gestalt annimmt:
Angesichts einer Reihe unerklärbarer Mordfälle, vermutet Kriminologin Bellana, dass die Handlungsweisen der Menschen durch entsprechende Gedankenprozessoren und Computerprogramme beeinflusst und gesteuert werden.
Weitere Recherchen lassen ahnen, dass das Internet für eine globale Ausbreitung der telepathischen Kontrolle durch eine dunkle Macht verantwortlich ist und womöglich zum Protektor eines neuartigen Terrorsystems aufrückt.
In diesem Netz gefangen, verwischen die Konturen zwischen Realität und virtueller Wirklichkeit, zwischen Jäger und Gejagten, zwischen Opfer und Täter.

2002 ISBN 3-8311-2935-5

Tod der Mücken

»Nichts ist spektakulärer als der Tod, dieses An-
tigesicht, das sich zum Jenseits hin entfärbt, sei-
ne Identität ablegt und zur Maske des Untergangs
wird.«
In diesem Sinne reflektiert *Tod der Mücken* dann
auch mehr als nur den Verlust der lästigen Insek-
ten. Skizziert werden die neurotischen Antennen
des Radiomoderators Samuel Nemo, der sich in
seiner Rolle als säkularisierter Telefonseelsorger
überfordert sieht. Gelang es ihm bisher, die bi-
zarren Ambitionen seiner Gäste mit den Mücken
an die Wand zu klatschen, erwachsen ihm nun
vermehrt genau die Geister, die er eigentlich zu
beerdigen gedachte.
Und da der Psychococktail überdies mit Droh-
briefen und Mordabsichten aufgeschüttelt ist,
sieht sich der Leser einem veritablen Verwirr-
spiel gegenüber, letztendlich mit der bangen Fra-
ge, inwiefern Nemo noch fähig sein wird, die
Partitur seines Selbst zu dirigieren.

Der Roman *Tod der Mücken* steht der vorange-
gangenen Trilogie *Ein Morgen das gestern war* an
Temperament und Fabulierfreude um nichts nach.
Keineswegs frei von satirischen Intentionen
spielt der Autor mit Strukturen des Detektiv- und
Kriminalromans und vollführt – scheinbar beiläu-
fig – eine Tour de force wider den Zeitgeist.

2005 ISBN 3-8334-1853-2

Stadt der Fledermäuse

Könnte es sein, dass bei der Transplantation eines Herzens auch Gefühle, Ängste und Träume auf den Empfänger übertragen werden? Diese Frage muss sich der junge Kantor Alexander Levin stellen, als er sich in die schöne Ministrantin Lara verliebt. Sie fühlt sich von bösen Ahnungen gejagt, die auf das Schicksal einer anderen, längst verstorbenen Person hinweisen. Plötzlich häufen sich merkwürdige Todesfälle. Eine Mumie wird gefunden, die keine Mumie ist. Und dann gibt es da noch ein Buch, in dem all diese seltsamen Ereignisse bereits vorweggenommen scheinen. Dirigiert die Handlung eines Romans die Gegenwart?

Heinz J. Schiffer entführt den Leser in die mystische Welt der *Stadt der Fledermäuse*, in sinnliche und übersinnliche Gefilde, wo sich Realität und Phantasie überlagern – bis sich die Wahrheit schließlich als trickreiches Artefakt entpuppt. Ein schaurig hintergründiges Lesevergnügen!

2008 ISBN 978-3-8370-0908-8